絶好調

斎藤一人

ロング新書

はじめに

この『絶好調』という本は、平成22年1月に、グランドプリンスホテル「飛天の間」で、パーティーを開いたとき、話したものです。

当日は、「飛天」始まって以来の大盛況で、会場に入りきれない人が何百人と出たほどのにぎわいでした。

講演の内容は、お弟子さんたちの「斉藤一人さんの教え」と、私の「幸せのなり方」「病気の治し方」「霊の落とし方」「仕事の話」「人生はドラマだ」と、盛りだくさんです。

この話は、私がみなさんにどうしても伝えたい内容です。
ぜひ、何度も、読んで（聞いて）ください。
一生、あなたのお役に立つと確信しています。

斎藤一人

一人さんのお話　103

一人さんのお弟子さん達のお話

ただ今から講演タイムとさせていただきます。
本日の演題は、
「斎藤一人さんから教わった一人さんの教え」、
というテーマでお話をしていただきます。
各社長さんたちは、
一人さんからいろいろな教えを聞いていますが、
その中から特に心に残った教えを、
今日は話していただきます。
皆さん、楽しんでお聞きください。

「ほめ上手」……みっちゃん先生

まずは、みっちゃん先生です。

みっちゃん先生は、一人さんいわく「オムツをしている頃からの知り合い」で、いつも明るく、すてきな笑顔の持主で、会う人の心をほんとに幸せにしてくれます。

『斎藤一人とみっちゃん先生が行く』や『斎藤一人　悩みから宝が生まれる』の著者でもあります。

大きな拍手でお迎えください。

はい、こんにちは。みっちゃん先生です。よろしくお願いします。

今日は、ほめ上手というお話をさせていただきます。

私は、一人さんとは、ほんとによちよち歩きの頃から知っていて、一人さんが大好きで、いっつも、くっついて歩いてたんですね。

一人さんは、いつもほめてくれてて。

で、実はですね。私はうちでほめられて育ったことがないんですね。でも一人さんに会うと、いつもほめてくれた。

うちのお姉さんていうのはまた成績が優秀で、いつも一番を取っているような人だったんですね。

学校に行くと、いつも「お姉さんは、お姉さんは」と言われていて、ほんとに私自身劣等感のある子供でした。

それで、自分に自信がないものですから、周りにいる人たちが、ほんとに、素晴らしい人ばかりに見えて、自分と比べていたんです。

そしてですね、一人さんに、「私の周りにいる人たちはこんなに素晴らしくて、ほんとに素敵な人ばかりなんだよ」って話していたら、一人さんが、じいっとその話を聞いてたんですよね。


そしたら、一人さんが、「みっちゃん」って。

「みっちゃんね、みっちゃんて、すごいよ、そうやって人の素晴らしいところをほめてあげたり、わかってあげられるって、すごいよね。

でもね、一人さんに言うんではなくって、その当人に、そのほめることを言ってあげな」って言われたんですね。

で、わたしはそれから、会う人に「素敵な方ですね」とか「笑顔が素敵ですね」とかほめていたら、その方がほんとに喜んでくれて、ほんとにすごいなって思ったんです。

それで、そのことを一人さんに言ったら、一人さんがね、「みっちゃんね、それって、初級だよ。すごい人にすごいというの、当たり前だよね。でもね、初級でもすごいよ。日本人ってね、ほめるの下手だから」って。

で、次は「笑ってない人や、普通の人に『あなたすごい素敵ですね』とか『笑顔がきれいですね』とかほめてごらん」って一人さんに言われたので、私は、その通りにやってみました。

そして、その人たちをほめてみると、ほんとに、ぱーっと笑顔になって、すごく喜んでくれるんですね。


今のは一人さんから教わった「ほめる」の中級なんですけれど、さらに、その上に、上級というのがあるんですね。

「上級っていうのは、怒っちゃってる顔の人、ぶすっとしちゃってる人を、ほめることだよ。

そういう人って、子供の頃から、ほめられたことがなくって、そういうふうになっちゃってるんだよ」

って一人さんが教えてくれたんです。

で、私は、ちょっと怒っちゃってる顔の人にも、「ほんとに素敵な笑顔ですね、素晴らしい方ですね」って言ってみたんです。そうしたら、ほんとに喜んでくれてね、笑顔を返してくれたんです。私はそれが嬉しくって嬉しくって。

一人さんが、「みっちゃんね、人の心に、いつも花を咲かせることが、自分の使命だと思って、生きててごらん。そしたらね、神様がごほうびをくれるよ」って教えてくれたんですね。

それで私は、今もね、中級、上級って挑戦してるんですけれど、一人さんに教わって、人をほめると、ほんとに笑顔が素敵で、その笑顔が返ってくるのが、すっごく幸せなんです。

今まで、二〇年も、ほめることを続けてきて、何千人てほめてきましたけど、たとえ、怒った顔の人でも、文句を言う人は一人もいませんでした。

みんな、必ず笑顔を返してくれました。

ほんとに続けてよかったなって、思います。

これからも、会う人ごとに挑戦していきますので、よろしくお願いいたします。

ほんとに一人さんの教え、ありがとうございます。
今日は、ほんとにありがとうございます。

みっちゃん先生、ありがとうございました。
今一度、大きな拍手をお願いいたします。

「ほめられ上手」……………宮本真由美

続きまして、宮本真由美社長です。

宮本真由美社長は『斎藤一人 億万長者論』や、一人さんと共著で『斎藤一人絵本集 こうていペンギンはなぜ生きのこったのか?!』の本を出版されています。

おしゃれのセンスも抜群で、とても元気で、キュートでチャーミングな女性です。

大きな拍手をお願いいたします。

（会場からの、真由美コール）

今、みっちゃん先生は、「ほめ上手」っていう話を皆さんにしてくれました。

私は、みっちゃんにバトンタッチしていただいて、「ほめられ上手」の話をしたいと思います。

で、皆さんもね、（拍手）ありがとうございます。

皆さんも、今のみっちゃん先生の話を聞いて、人のことをほめたり、天国ことばを言ったり、どんどんしていくと、この、「ほめられ上手」っていう話は、すごく大切になってきますから、よく聞いてくださいね。

この「ほめられ上手」の話は、一人さんに会った頃、私が、一番最初に教わった話だと、思います。

最初の頃、一人さんと知り合って間もないときに、一人さんが、私に向かって、「真由美ちゃん、かわいいね」って言ってくれたんです。

（会場から拍手）あら、ありがとうございます。

そのとき、私ね、一人さんみたいに、すごいかっこいい人に、「かわいいね」とか言われたんで、「えっ」と、ちょっと驚いて、「あっ、そんなことないですよ」って言っちゃったんですね。

そしたら、一人さんが、「あっ、そっか、真由美ちゃんに、まだ教えてなかったよね。教えてあげるから、これ覚えるといいよ」って話してくれました。

「日本人ってさ、ほめられたりすると、謙虚とか、謙遜するとかっていうのが美徳みたいなところがあるんだけれど、ほんとはね、ほめた人も、『嬉しいな』って素直に言ってくれたら幸せじゃない？

それに、きれいだね、ってほめた人も、もしかすると、お世辞かもしれないけど、いまさら、お世辞なんですよとは言いづらいでしょ。（笑）だから、素直に『ありがとう』って言うといいよ。これって初級だから覚えてね」って。

一人さんが教えてくれたのは、

「『真由美ちゃん、きれいだね、かわいいね』って言われたら、にこっと笑って、『ありがとうございます』って素直にお礼を言うんだよ」

ってことでした。


で、これ初級ね。

一人さんのほんとにすごいところはね、良い教えを教えてくれる人って他にも、たくさんいると思うんですよ。

でも、一人さんは必ず、私たちに教えてくれるとき、「できるかい、はい、やってみて」と言って、必ずできるまで教えてくれるんですね。

そのときも一人さんは、「はい、じゃあ真由美ちゃん、やってみようか」と言って一緒に練習してくれました。

皆さんも、今日はここで、一緒にほめられ上手の練習をしたいと思いますので、私が、「皆さん素敵ですね」って言ったら、わかりますね。にこっと笑って、「ありがとうございます」。

いきますよ。

では、準備よろしいですか。

「皆さん、素敵ですねー」

（会場）「ありがとうございます」

初級合格です。

おめでとうございます。


で、「次に、じゃ、真由美ちゃん、中級ね。答えて」

と一人さん。

「わかりません」

「さっきは、にこっと笑って『ありがとう』、それ初級でしよ。中級わかる？」

「え、わかんない、一人さん」

「中級、わかんないの？　じゃ教えてあげるね」って言って、一人さんが教えてくれました。

「いい？『真由美ちゃん、かわいいね』って言われたら、こう言うんだよ。

にこっと笑って、『正直な方ですね』

（会場）（笑）

わかる？　笑いが起きるだろ、ね」

ほんとに、にこっと爽やかに笑って、「正直な方ですね」ですよ。

これを言うと、ほめてもらったうえに、笑いが起きる。これって最高じゃない？

じゃ、中級ね、やってみようか。

皆さん覚えましたね。

にこっと笑って「正直な方ですね」ですよ。

ほんとに間違える人いますから。

いきますよ。

にこっと笑って「正直な方ですね」ですよ。

では、私が「皆さん素敵ですね」って言いますよ。

皆さん、素敵ですねー

（会場）「正直な方ですねー」（笑）

そしたら、一人さんが「真由美ちゃん、中級までできたから、次、上級行こうか」

「上級？」

「そう、上級わかる？」

「一人さん、中級もわからないのに、上級なんか全然想像つかないから教えて」

「いいよ。じゃあさ、真由美ちゃん、俺にね、『一人さんかっこいいね』って言ってくれる？」って言うから、

「うん、いいよ、『一人さん、かっこいいね』」

って言ったら一人さんが、

「真由美ちゃんね、この日本にはね、ほんとに俺よりかっこいい人はたっくさんいるんだよ、たとえばね、うーん、うー

ーん、うーーーーーーん、思いつかないな、残念だな」（笑）
（会場　拍手）
すごいですね。
これ、上級なんですが、今聞いて、できると思った方いますか？
今、一番勢いのいい方、そこの千葉純一さん、お願いします。
この人は完璧にできそうです。
外したことありません。（笑）
では、「純ちゃん、ほんとかっこいいねー」
「真由美ちゃん、ありがとね、でもね、この日本にはね、俺なんかより、かっこいいヤツがいっぱいいるんだよ。たとえばね、うーーーん、うーーーーん、うーーーーーん、ごめん、思いつかないや」（笑）

さすがです。ありがとうございます。

セーノ（バンザーイ、バンザーイ、バンザーイ）

さすがです。

で、今、この上級をちゃんと覚えた人もいると思います。でも、ほんとにね、これ間違える人いっぱいいるんですよ。今日、帰るときにね、私が「ほんとに素敵ですね」って言っ

ても、「えっ、そんなこと、え、え、ありがとうございます」って練習通り、すんなり言えない人が、ほとんどです。（笑）

この前、会った人は、「すてきだねー」って言ったら、なんか、いきなり

「幸せな方ですねー」って、

どっから出てきたの、この答え、と思う人がいました。（笑）

これ、ほんとです。

「ま、ありかな」と思ったんですけど。

でもね、今、一人さんが教えてくれた、ほめた方も、ほめられた方も、素敵な言葉のキャッチボールができて、みんな

が笑顔だったり、素敵な気持ちでいられたら、ほんとに最高だと思っています。
今日は素敵な皆さんに出会えて幸せです。
皆さん、素敵ですねー（会場　ありがとうございます）
ほんとに今日はありがとうございました。

宮本真由美社長ありがとうございました。
今一度、大きな拍手をお願いいたします。

「一人さんのやさしさ」……芦川勝代

続きまして、本社の芦川勝代社長です。

芦川社長は、いつも落ちついた、優しいふんいきで、本社をしっかり守っていてくれます。

皆様、大きな拍手をお願いいたします。

こんにちは。

本社におります、芦川です。

どうぞよろしくお願いいたします。

今日は、一人さんのやさしさの話、聞いてください。

私は一人さんと知り合って、もう二十八年くらい経つんです。

一人さんて、すごい衝撃的で、私はすごく感激したことがいっぱいあるんですけれども、その中でこのお話はぜひみなさんに聞いてほしいです。よろしくお願いいたします。

一人さんは、旅が好きなんです。

よく行きます。

そうしますと、私たちみんなを、一緒に連れて行ってくれます。

いつも車で行くんです。

一人さんは、自分で運転して、高速道路を走るんです。

そうしますと、料金所があります。

今は、ETCっていうのがありまして、そのまま素通りして出られるんですけれども、昔は、一人さんが自分で料金所の係の人に、お金を払っていました。

そのとき、その方に「ありがとうございます」って必ず、声をかけるんです。

普通の方は、何も言わないで、お金をふっとあげて、さっと行ってしまうんですよね、周りを見ていますと、みんなそうです。

でも一人さんって、全然違うんです。

お金を渡すときに、「ありがとうございます」って声をかけると、その受けとった方が、すごくいい笑顔で挨拶を返してくれるんです。

高速道路をもっと走って行って、ドライブインとかそういうところへ入りますと、トイレ掃除をしてくださっている方がいるんですけれども、その方にも必ず声をかけるんです。

「ご苦労様」とか「ありがとう」って声をかけるんです。

ほんとにそうしますと、その方たちも、すごくいい笑顔で、挨拶を返してくれるんです。

それを見て、私は「ああ、一人さんって優しい人なんだな」っていつも思うんです。


また、一般道路を走っていて、道路工事をされている方にも、そこで誘導をされてる方にも、相手には聞こえているのか、聞こえていないのか、それはわからないんですけれども、必ず一人さんは「ありがとう、ご苦労様」って頭を下げるんです。

そうしますと、ほんとに誘導している方が、嬉しそうに頭を下げるんです。

「わー。すごい」って思いました。

私が、「一人さん、すごいやさしいんですね」って言ったんです。

そうしましたら、一人さんがほんとに驚いた顔をされて、私の顔を不思議そうに見て、「えっ、勝代さん、みんな同じ人間だよ」って言われたんです。

私、びっくりしました。「職業には、上下はない」「人間はみんな平等だ」って、よく言われてるんですけれども、実際は、工事の人に、あいさつをしている人を見たことはありませんし、料金所の人にお礼を言ってる人にも、会ったことはありませんでした。でも、一人さんは、全然違うんです。

一人さんは皆さんに本当にやさしいんだな、と思いました。

私は、そんな愛情深い、一人さんのもとで働けることを、とても幸せに思っております。

皆さんの前で、このようにお話ができる私は、最高に幸せです。

本当に、今日は皆さんにお会いできて、幸せです。

どうもありがとうございました。

芦川社長、今日はありがとうございました。

今一度、大きな拍手をお願いいたします。

「起きてしまったことは快く受け止めるんだよ」…遠藤忠夫

続きまして、遠藤忠夫社長です。

遠藤忠夫社長は『斎藤一人　天才の謎』の本を出版されています。

どんな頼み事をしても、二つ返事で引き受けてくれる、頼もしい人、まるかんのお兄さん的存在です。

大きな拍手をお願いいたします。

皆さん、感謝しています。

遠藤忠夫です。

私の格好を見て、パーティなのに、ちょっと違うだろうって思いますよね。（笑）

私、サンダルです。

雪かきをしていましたら、足を捻挫してしまいました。

サンダルなんですけれど許してください。

私の話は、「起きてしまったことは快く受け止めるんだよ」という一人さんの教えです。

聞いてください。

よろしくお願いいたします。

話は今から約三年くらい前にさかのぼります。

東京で会議があるため、私は納車されたばかりの新車に乗って、福井県を出発して東京に向かいました。

さすがに新車は、乗り心地、走り共に良くて、福井県から東京まで約六百キロあるんですけれども、六百キロという道のりも、ほんとにあっという間にね、なんか一時間くらいで着いたんじゃないかなっていうくらい、短く感じました。

そして、東京に着いてすぐに事件が起きたんです。

皆さんもご存じだと思いますけども、東京の道というのは、とくに下町は一方通行が多くて、すごく狭い道が多いんですね。

そんな狭い一方通行で、私が信号待ちをしていた時なんです。

前からおじいちゃんが、リヤカーをこうやって引っ張って、私の方に来るんですね。

で、ただのリヤカーでしたら、私の車とすれ違うことができるんですけれども、そのおじいちゃんの引っ張っているリヤカーの荷台に、なんと荷台からはみ出て、ものすごい山積みになった荷物が積んであったんですね。

私はそれを見て、まさかおじいちゃんがここまでは来ないだろう、まさか来ないよな、早く信号、青になっちゃってくんないかな、と思ってたんですけれども、私の思いも届かず、だんだん近づいてくるんです。

こりゃ危ない、おじいちゃん危ないな、私の車にぶつかるな、って私、窓開けたんです。

それで、おじいちゃんに向かって、「おじいちゃん、ストップ、おじいちゃん、ストップー」って言ったんですけれども、私の声はおじいちゃんに届かなくて、次の瞬間、ドカーンと私の車に、その荷物がぶつかっちゃったんですよ。

私の車はへこんでしまい、おじいちゃんの方を見たら、おじいちゃんは道路に転んでるしね。

なにしちゃってくれるの、もう、買ったばかりの新車なのに、へこましちゃって、「もう、これは一言いってやんなきゃいけねえ、うん」と思ったときなんです。

一人さんから、以前、聞かされた話を思い出したんです。

「いいかい、忠夫ちゃん、些細なことでぎゃあぎゃあ言うんだったら、新車乗っちゃいけないよ」

あれー、今、新車乗っちゃってるし、いやー。

そう思ったときに、私の口から出た言葉が、

「おじいちゃん、大丈夫？　けがしてなあい？」

そして、このことを一人さんに会ったときに伝えたんですね。

そしたら、一人さんがこう言いました。

「忠夫ちゃん、良いことしたね。そんな良いことした忠夫ちゃんに、ひとつ良い話聞かせてあげるよ。

昔さ、たいそう偉くなったお坊さんがいてね。

そのお坊さんが小坊主だった頃、和尚さんが『自分の代わりに、檀家さんの所に行って、お経をあげてきてくれないか』って言ったんです。

檀家さんも和尚さんの代わりに来てくれるとあって、たくさんのもてなしの用意をしてくれたんです。

そして、小坊主がそこの檀家さんに行って、お経をこうやってあげてるんですね。

で、あげてると、部屋の隅の方にですね、ご飯の入ったおひつがあって、そこに、檀家さんの子供がおしっこしてるのを見ちゃったんだね。

そこで、小坊主は、やな予感がした。やな予感ていうのは的中しちゃうんですね。

お経をあげ終わると、『どうぞお坊さん、こちらに来てください。たいしたもんじゃないんですけれども、ちょっと食事の用意をしましたから』って言って、茶碗におひつからご飯を盛って、お坊さんに出そうとしたときに、お坊さんが、『あっ、すみません、食べたいんですけれども、今日はちょっと時間がなくて、この後、もう一軒いかなきゃいけないんですよ』って言って、そのお坊さんはその場の難を逃れたんです。

後日、またその檀家さんにね、呼ばれたんですね。

そして、その小坊主がだーい好きな甘酒を用意して、その檀家さんが待っていてくれました。

で、お経をあげ終わって、小坊主が甘酒をゴックンゴックン、ゴックンゴックン飲んでいます。

飲んでいたところ、おかみさんがやってきました。

『小坊主さん、甘酒おいしいですか？』

『はい、私はもう甘酒には目がなくて、ほんとに何杯もお代わりさせていただいております』

『良かったです。実はね、その甘酒なんですけども、前に来てもらったときに小坊主さんに、食べてもらおうと思ったご飯を、甘酒にしてとっといたんですよ』

さすがに、このあと偉くなったお坊さんですから、そのとき、小坊主さんはひとつの悟りを開きました。

世の中、どんなことをしても食べる定めのものは食べなきゃいけないいんだ。

良い話だろう？　忠夫ちゃん」

と、一人さんが私に教えてくれました。

そして、そのあと一人さんが私にこう言いました。

「いいかい、忠夫ちゃん、今の話と同じように、忠夫ちゃんは、教習所の先生やってたから、車の運転はうまいよね。でも、どんなに気をつけていても、ぶつけられることがあるんだよ。

そんなときに、自分の感情のままにお年寄りを怒鳴ってもしょうがないじゃない。

そんなときは、起きたことをいったん受け止めて、何が一番の、最善の解決方法なのか、ということをあわてないで、落ち着いて考えること、これが一番大切なんだよ」って一人さんに、そのとき教わりました。

私は、それ以来、自分の感情で事を起こすことがなくなりました。

起きたことをいったんほんとに受け止めて、冷静に、どうしたら一番良い解決方法になるのかということを、常に考えて、答えられるようになりました。

皆さんもぜひ、私と同じようなことが皆さんの身に起こりましたら、いったん受け止めて、それから答えを出すようにしてみてください。

きっと良い解決方法が生まれてくると思います。今日はどうも話を聞いてくださいまして、ありがとうございました。

遠藤社長、ありがとうございました。

今一度、大きな拍手をお願いいたします。

「神様の試験」……宇野信行

続きましては、宇野信行社長です。
宇野信行社長は『斎藤一人　黄金の鎖』を出版されています。
「神様、仏様、宇野様」と、まるかんで言われるくらい、心優しい、暖かな方です。
皆様、大きな拍手をお願いいたします。

こんにちは。

今日は「神様の試験」という一人さんの教えを、お話しま
す。

よろしくお願いいたします。

一人さんから天国ことばを教わって、「ついてる、嬉しい・
楽しい」と言ってると、ほんとに良いことだけ起きるのかな
とわくわくしてたんです。

そんなとき、一人さんが、「のぶちゃんさあァ、言ってる
だけで、次々良いこと起きると思ってない？」

「思ってますよ、だって一人さん、良いこと起きるって言っ

たじゃないですか」

「のぶちゃんさあ、その前にさ、自分がどのくらい天国ことばを言う覚悟があるか、神様の試験があるんだよ」

「えっ、試験？　やだなあ、でもどんな試験ですか？」

「そうだね、たとえばさあ、「ついてる、ついてる」って言ってると、周りから、『ついてるって言ってるだけで、幸せになったら苦労しないぞ』っていう言葉があるよ」

「やだよな、だって、『ついてる、ついてる』って良いことばだもん」

「でもあるんだから、しょうがないよ。

あとさあ、こんなのもあるよ。

信ちゃん、いつも笑顔だろ、にこにこ、にこにこしてると、周りの人から、『男のくせに、いっつもにこにこしてて、八方美人だよね』って言われることあるよ。

こんなときはこう答えるんだよ。

『でもさあァ、八方ブスよりはいいですよね』」

ああ、一人さんはいっつも、どう答えればいいか、ちゃんと教えてくれてるんだな。

これならできそうだ。

「ついてる、ついてる、幸せ、幸せ」って言ってたら、周りから、第一号の人が現れました。

えー、おやじでした。

身内は想定に入ってなかったんです。

「ついてる、ついてる、幸せ、幸せ」って言ってたら、隣でおやじが、「おめえ、そんなこと言ってて、幸せになったら、苦労しねえぞ」

さすがにね、身内だと一発目、笑顔は作れませんでした。

むっとして、自分の部屋に戻っちゃいました。

で、部屋に戻ったとき、あっ、これが神様の試験なんだな。

想定してない場面で、試験が起きます。

知ってる試験なら問題になりませんから。(笑)

それで、「ついてる、ついてる、幸せ、幸せ、笑顔、笑顔」もう、そう言って、どんどん一カ月、二カ月、三カ月。

ところがですね、妙に周りで、否定的なこと言ってる人のことばが気になって、気になって、気になってしょうがない。

ニュースも見ない。

ニュースのなんとか事件というと、テレビ回しちゃうんですね。

で、一人さんに、「気になってしょうがないんですよ」って言ったら、「信ちゃんさあ、はじめに言ったじゃない、周りは関係ないよ、信ちゃんの覚悟だけだ」

こんな覚悟のない私が、一人さんに助けられ、仲間に助けられ、本当に一歩一歩、天国言葉を言いながら覚悟の階段を登ってきて、今日、こんなに多くの皆さんの前で、おしゃべりしてるってすごいなって、自分で思ってます。

今、ほんとに幸せです。

ありがとうございました。

宇野社長、ありがとうございました。

今一度、大きな拍手をお願いいたします。

「純ちゃん、威張っちゃいけないよ」…千葉純一

続きまして、千葉純一社長です。

千葉純一社長は『斉藤一人　だれでも歩けるついてる人生』の本を出版されています。

いつも明るく元気で、人を楽しませるのが大好き。千葉社長のいる所はいつも笑顔と笑い声にあふれています。

皆様、大きな拍手をお願いいたします。

（会場から純ちゃんコール）

ありがとうございます。

（横断幕を持って現れた応援団に対して）

えー、お断りしときますが、私がやってくれとは頼んだ覚えはございません。（笑）

それも応援団なのに、俺の方見ずに向こう向いてる。目立ちたかったたんですね。

改めまして、千葉純一です、よろしくお願いします。

私の今日の一人さんの教えの話はですね、私のタイトルはもう素晴らしいです。

「純ちゃん、威張っちゃいけないよ」です。

はい、他の人は、「神様の試験」とかね、「ほめ上手」とかなのに、私のは、「威張っちゃいけないよ」です。（笑）

私、一人さんと出会って、一人さんに弟子にしていただいて、まるかんのお仕事も一人さんと一緒にさせていただくようになって、どんどんどんどん、こう順調になっていったんですが、私、根が威張りんぼなもんですから、ちょっと仕事がうまくいくと……。ま、威張っちゃって威張っちゃってしょうがない時期が……。ほんとに申し訳ございません、ありました。

ほんとに、威張って、威張って、しょうがなくて、ほんとにね。その頃は、まあよく威張っておりまして、そんでね、なんで威張ったかというと、一人さんと出会う前に、私が知ってる社長っていうのは、やっぱりこうみんな威張ってるんです。

私、一人さんのお仕事をさせていただくんで、まるかんで、岐阜に単身行ったんですけども、やっぱりそこの先で知り合う社長たちも威張ってるんです。

もちろん、一人さんの弟子の社長たちってのは、威張ってなくて、にこにこしてるんですが、なんか「社長になったら、威張らないとだめなんじゃねえかな、なめられちゃうんじゃねえかな」って。なおかつ、根が威張りんぼうなもんですから、「おっ、威張っていいなら、これほどありがたいことはねえな」と思いまして。

まあ、ほんとに、どの辺から始めたかというと、威張りやすい飲み屋さん、ま、ほんとにその当時は、六本木のキャバクラのお姉さん、すみませんでした。

岐阜の柳ヶ瀬のスナックのお姉さん、すみませんでした。

まあ、ああだ、こうだ言うわけですよ。

そして、次に威張りやすそうな所から始めるわけですよ。

次に威張りやすそうなのは、ほんと今日もお世話になっているこのホテル、もうホテルにはほんとに威張っちゃいました。

「君の所のホスピタリティはどうなっているのかな？」

ホスピタリティもホスピタルも区別がついてないくせにね。ちょっと覚えた横文字を、やたらめったら使います。ほんとにホテルの皆さん、すみませんでした。

ま、その辺から、だいぶこう勢いがついてきますから。ほんと、デパートに買い物に行けば、当然威張るね。ちょっと買い物行けば、威張る。終いのほうでは、コンビニのお兄さんにまでね、「お前、そのレジの打ち方おかしくねえ？」みたいな感じで、ほんとに今考えただけで、恥ずかしいったらありゃしない。

またそうやって、威張り散らしていた時代の私の大好物が……「威張りちらし寿司」。

私住んでいた所が、「イバリーヒルズ」でございまして、その「イバリーヒルズ」の家でテレビを観ながら、焼き肉を食べるんですが、付けるたれが、「イバリ焼き肉のたれ」、そしてもちろん観ているテレビは威張りんぼが絶対観ている、「いばりんぼう将軍」ダカタータタタター♪でございました。（笑）

そんなときです。

一人さんから、「純ちゃん、ちょっと」呼ばれました。

当然私、心にいっぱい後ろめたいものを背負って生きてますから、そのときの一人さんはもちろん優しく呼んでるんですけど、その呼ばれ方は、今考えると、恐山《おそれざん》でビビッテルどころじゃありません。

霊に鞄開けられたくらいなんでもないです。

で、なおかつですね、そういうとき一人さんは、会ったときなんですよ。

三日前とかに教えてくれないんです。

三日前に電話くれれば、改めて東京に行ったのに、みたいな。（笑）（くわしくは『斎藤一人　千年たってもいい話』マキノ出版・参照）

「純ちゃん、ちょっとおいで」

「はい」

「純ちゃんさあ、威張っちゃだめだぞ、みっともないからやめな」って、言われました。

「純ちゃんさあ、威張る必要ないんだよ。

社長になると、なんか威張っていいような、そういう立場になったような気がするだろ？

だけどな。わからない人にはただ、優しく教えてあげればいいんだよ。

なにもどなったり、威張る必要なんかないんだぞ。みっともないから、威張るのやめな」って教えていただきました。

いや、ほんとにそうだな、って思いながら、あの当時から、ひとつひとつ、ってことはまだ直ってないですね。

だいぶ威張んなくなったんですけど、まあ完璧かなっていうとね、ちょっと怪しいとこあるんですけど。

ほんとにだいぶ、威張らなくなって、徐々に徐々にね、にこやかに、こうだよね、ああだよねって、優しく言える自分ができ上がりつつあります。

ありがとうございます、(拍手) ありがとうございます。

でも、あのとき、一人さんが私に言ってくれた「純ちゃん、威張っちゃいけないよ」は、ほんとに私の生きていく上の、心のど真ん中にある教訓です。

あのとき、大好きだった「威張りちらし寿司」も、今考えてみると、そんなに美味しくなかったと思います。
今日は、皆さん、ありがとうございました。

千葉社長、ありがとうございました。
今一度、大きな拍手をお願いいたします。

「私にとって一人さん自体が教えです」…柴村恵美子

続きまして、柴村恵美子社長です。

かっこよくて、魅力的な柴村恵美子社長は一人さんの一番弟子で、『斉藤一人の不思議な魅力論』『斉藤一人の不思議なしあわせ法則』の本を出版されています。

皆様、大きな拍手をお願いいたします。

（会場　恵美ちゃんコール）

もう、ありがとう。

もう、皆さん大好き。

ありがとうございます。

盛大なる応援を受けて出て参りました、柴村恵美子でございます。

よろしくお願いします。

それでは、私のお話に入らせていただきます。

私が、一人さんに、教わったことはもう、いっぱいありすぎて選べないほどなんですけど、今日、皆さんには、「私にとって一人さん自体が教え」という話をさせていただきます。

（拍手）

私、一人さんと出会って、三十数年になるんですけれども、会ったその時から、本当にね、一人さんって魅力的だったんですね。

その後もずっと、会った時より、どんどん、どんどん、一人さんって魅力的になってるんですよ。

普通ね、人って長く付き合っていると、いやなところとか、見えてくることってありますよね。

でもね、一人さんに限っては、全くそういうことがなくて、ますます、魅力的で、どんどん私ね、好きになっていくんですね。

「あ、この人いいなあ」とかね、「一人さんの傍にずっといたいな」とか、皆さんもそうかもしれません。

一人さんの話をずっと傍で聞いていたいな、なんてね。

ますます、一人さんのこと好きになって、ほんとにそういう気持ちにさせてくれるんですね。

で、私もそういうことで、たくさん友達や、いろんな人に紹介して、一人さんに会わせるんですけれど、もう、会った人たち、みんなね、ほんと一人さんの虜《とりこ》になっちゃうんです。

ま、一人さんとしては、特別なことしてるわけじゃないし、特別な話をしてるわけじゃない、というんですけれども、ウィットに富んだ楽しい話なんかも、たくさんしてくれるんですよ。

特にね、一番人気の理由は、一人さんから出ている、何とも言えない優しい波動、それが人の心を軽くするんじゃないかな、って思ってるんです。

こんなことがありました。

ずいぶん昔のことだったんですけど、ある大手の社長さんに、私も一緒に接待受けて、京都の祇園に行ったんです。そのとき、京都の舞妓さんも呼んでいただいててね。

普通、舞妓さんって、すごく接待が上手なんですね。

ところが、一人さんが話し始めたら、接待してくれるはずの舞妓さんや、そこにいた人たちが、一人さんの話にひきこまれて、聞きいっちゃって、あんまり楽しそうなものだから、お店の人たちがどんどん、どんどん集まってきて、おかみさんとか、旦那さん、それから、板場の人たちまで、全員部屋に、集まってきちゃったんです。

それで、一人さんの話をずっと、みんな楽しそうに聞いているの。

全員で聞いていて、楽しそうにしてるんですね。

すごい喜んでもらったところで、私たちも、そろそろ帰りましょうか、ってことで、一人さんと私、帰ってきたんですよ。

そしたら、私を連れていってくれた社長さんが、そのあと、そのお店に行くたびに、舞妓さんが、「一人さん呼んでください、一人さん呼んでくださいい」って。「また、呼んでくださいい」って、すごいアンコールかかるらしいんですね。

その社長さんもね、一人さんを呼んでいた本人だから、すごい嬉しくって、気を良くしてたんですけど、あまり言うもんで、「あの、お前ねえ、いい加減にしろよ。舞妓がね、指名されるのはわかるよ、お客に。でもなんで、舞妓がお客を指名するんだよ」なんて、笑ったんですって。

そんな話があるくらい、そのお店の人とか、みんな、一人さんに、会いたがるんですね。


それで、私はそのとき、つくづく思いました。

こういう人の傍で、修行させていただいてるんだなって。

私も少しでも、一人さんのような人に、近づきたいな、って。いつも笑顔で、人の心を軽くするような話、ためになる話を楽しくしてくれる、そういう人になりたいな。それが、今の私のテーマになっています。


(拍手)

それからですね。もう一つ、最近なんですけど、本当に一人さんって、ますます凄いわ、って思ったことがあるんです。私、ついこの間、ある脳の勉強するセミナーに行ったんです。

そこで言うには、「脳に、なにか質問とか、願い事とか、答えを聞きたいことがあると、ボーッとしているときは、実は脳はつながっていないんだけど、楽しくしてると、脳がつながり始めて、答えをポーンと出してくれたり、いろんなひらめきをくれるんだよ」っていう脳の最新科学の話だったんです。

私、そこにびっちり二日間勉強に行ったんですよ、朝から夜まで。

そして、そこでね、勉強すればするほどわかったのが、一人さんが三十年も前から、私たちみんなに教えてくれたことが、今、脳の最新科学で、証明されてるということなんです。

でも一人さんて、そういうことを研究してるところを見たことないし、それなのになぜか昔から、知ってるんですね。

それで私、一人さんに、不思議に思って聞いたんですね。

「一人さん、なんでそういうこと知ってるの?」って。

一人さんは、「あー、それはね天照様から教わったんだよ」

え？　と思った瞬間、「この人、天才なんだ。天才って神様からひらめきをもらえる人なんだ」って、そのとき、私、思ったんですね。

この私、恵美ちゃんは、天才的な域にはまだまだ達しておりませんが、ただね、一人さんのように、愛される笑顔、それから愛される話し方、これだったら、なんとかね、ちょっとできるかなと思って。

はい、恵美ちゃんも一生懸命、この道だけは極めていきたいなと、思っております。

それで、私はほんとにね、そういう一人さんの、いろいろな教えをたくさんの人に、広めていきたいな、と思っているんです。

私が一番思うことは、「無償の愛で、人の心を軽くしたり、それからあまねく人の心を明るく照らしてくれる、この一人さん自身を、もっともっと、たくさんの人に知ってもらいたい」ということです。

私は、そんなあまねく照らし続ける一人さんの露払い役として、生きていけたら幸せです。

今日は、ありがとうございました。

恵美子社長、ありがとうございました。
今一度、大きな拍手をお願いいたします。

「天からのひらめき」……舛岡はなゑ

続きまして、舛岡はなゑ社長です。

舛岡はなゑ社長は『斉藤一人　十五分間ハッピーラッキー』『斉藤一人　人生楽らくセラピー』などの本を出版されています。

いつもきらきらと輝いて、みんなが憧れてしまう、とても素敵な女性です。

皆様、大きな拍手をお願いいたします。

舛岡はなゑです。
よろしくお願いします。
私は今日、一人さんの「天からのひらめき」という話をします。

私たちは、よく一人さんと一緒にいるんですが、何か問題が起きたとき、一人さんて、すごく頭が良くて、いろんなことを考えて、答えを出すんです。
でもなんかリラックスして、おだやかーな安らいだ気持ちでいると、ぽんとね、考えた以上の答え、「ひらめき」が来るそうなんです。

何度も見ました。

ほんとに突然なんです。

みんなで話していてね、あっ、こういう問題が起きた、ってみんなでいろいろ話して、これが最高だっていう答えを決めるじゃないですか。

でも、少し経つと、次の日とかね、一人さんが、「やっぱりどうしてもこっちにしたい気がするよ。だからみんな、こういうふうに行くよ」って言うんですね。

そうすると、その答えが、しばらく経つと見事に合ってるんです。

私たちはそれを何度も見ていて、ほんとに一人さんに来る

「ひらめき」って、人智を超えたものだなって感じるんです。

先日ですね、一人さんに、「一人さん、地球が天国になるサプリ、作れないかな」って言ったんです。

そしたら、一人さんが、「できるよ」って。

「ほんとにできるの？」

「あー、できるよ」

そして、しばらく経ったんですね。

ちょうど東北の一宮詣りの頃でした。

その頃、一人さんが、急に本社に電話して、「これとこれとこれを入れて、こういうの作ってくれ」って電話をしたんですね。

ほんとに、ほんの何分もかからなかったと思います。

そして、しばらく経ってできてきたものが、「地球が天国になるサプリ」だったんです。

地球が天国になるって、どういうのかな。

すごく幸せな気持ちになっちゃって、わくわくしちゃって、ね。

イライラしない。

それから、なんかイヤなことを言われても気にならない。

なんか楽しい。

上司になんか言われても気にならない。

旦那さんが怒鳴っても、あまり気にならない。で、もっと言っちゃうと、旦那さんは怒鳴らない。だって、イライラしないんだもんね。

世の中から、イライラがなくなったらどうなるか。

もし、国の指導者がイライラしてなかったら、戦争は起きません。

両親が仲良かったら、家庭はね、すごく平和ですよね。で、親がイライラしてなかったら、子供に虐待はしないですよね。

子供がイライラしてなかったら、隣の子いじめたりしないです。

それから、毎日起こってる殺人事件、イライラしなかったら殺し合いにならない。

ほら……、「地球が天国になるサプリ」ができました。

（拍手）

そして、ちょうどそれが出て二カ月くらい経った頃でしょうか、ほんとに何千っていう喜びの体験談が入ってきたんです。

ほんとに私たちもびっくりしちゃったんですけれど、もう、ほんとにすごい。

今日、皆さんのお手元にもあるんですけども。その感動の体験談が寄せられたのを集めたものがあるんですね。

今日はその中の一つ、恵美ちゃんの所に手紙をくださった方の文がそのまま載ってるんですけど、それを読ませていただきます。

（拍手）

脳の発達障害の娘と、幸せをかみしめています

（小学四年生女子、お母様談）

私には小学四年生の娘がいます。

脳の発達障害を持っており、学校は少人数の支援学級に通っています。

昨年までは普通クラスでしたが、例えば音楽室から聞こえる歌、隣のクラスから聞こえてくる声、普通はあまり気にならないようなことが、本人には耐え難い騒音に聞こえるようで、興奮してパニックを起こすようになりました。

常にイライラしていて、友達とのトラブルも多く、暴言だけでなく、暴力まで。

家でも興奮すると、暴言を吐き、時には包丁を手に暴れたこともありました。

危険だということで、病院で安定剤を処方され、飲めば人が変わったようにおとなしくはなります。

でもただ、だるそうにぼおっとして、おとなしくなっているる娘を見ていると、娘じゃないようで、かわいそうになり、辛くて涙がこぼれました。

一週間程で薬は中止し、薬は使わずに良い方法はないものか、考えていたなか、一人さんのところの新しいサプリが発売されました。

脳にも必要な栄養がたくさん入っていると聞き、娘も脳が原因と言われているし、まずは四カ月試してみようと思い、購入しました。

その日の夜に飲ませ、朝起きると、娘は機嫌が良い様子。

学校から帰ると、弟と口げんかになり、弟が娘の頭を叩いたのですが、「もう」と言ったきり、大喧嘩になりません。いつもなら、暴言と共に危険を感じるような大喧嘩です。まだ一日飲んだだけだし、たまたまだよな、と思って見ていました。

でも、その次の日も、また次の日も、弟から喧嘩をしかけても、「やめて」というだけで、やり返さないのです。「今も学校でイライラする？」と聞いてみたところ、「前よりイライラしない、そういえば誰とも喧嘩していない」という返事が返ってきました。

このサプリを飲み始める時、四カ月という目安が頭にあったので、こんなに早く効果が実感できて、驚きました。

今、飲み始めてまだ十日ほどですが、娘は確実に穏やかになり、笑顔もたくさん見せてくれるようになりました。

暗闇の中、明るい光が差してきたようです。

一人さんの幸せの名言集や絵本などを、娘と一緒に話しながら、見ています。

一人さんの言葉が、娘の心にも届いているようで、最近は「幸せだね」、「ありがとう」と笑顔で言ってくれます。

満面の笑顔で言われると、幸せと感謝で胸がいっぱいになり、涙が溢れます。

娘だけでなく、私自身も救われました。

一人さんと出会えて、このサプリと出会えて、ほんとに幸せです。

娘のように、脳が疲れて心まで病んでしまっている方、また、それを見守る方、とても辛い思いをされている方が、たくさんいると思います。

一人でも多くの方に、いっぱい、いっぱい幸せになってほしいです。

一人さん、大きな幸せをありがとうございます。

心から感謝します。

娘のその後のご報告をさせていただきます。

サプリを飲み始めて、約二カ月になります。

以前の娘はほとんど学校にも行けず、たまに行っても辛い思いをさせるだけなので、「行きたくなったら行けばいいよ」と話し、娘の気持ちに任せていました。

それが、サプリを飲み始めた翌日から、なんと、一日も休まず登校しています。

それも、頑張って行っているのではなく、行くのが当たり前のように、笑顔で「行ってきまーす」と出かけていくのです。

私が仕事から帰ると、学校での出来事をいろいろと話してくれます。

それも楽しいことばかり、目を輝かせて話すのです。

先日、授業参観がありました。

このサプリを飲み始めてから、初めての参観です。

娘は人の視線も気になるため、いつも娘の机の周りには、ついたてがしてあり、参観に行っても、娘の姿が見えない、とても寂しいものでした。

それが、今回の参観では、ついたてがなくなってました。

ほかの子と机を並べて、落ち着いて座っているのです。

時々、私の方を振り返り、照れながらもとても嬉しそうな娘の姿に、涙をこらえることができませんでした。

参観の後、担任の先生に呼ばれ、何かあったのかとドキドキしていると、「安定剤、もう飲ませてないんですよね」と確認をされました。

「最近ずっとトラブルがなくて、とても落ち着いているんです。自分から進んで人を手伝ったり、ほかの子を気遣うことまでできていて、とにかく変わったんです。とても驚いてました。

支援学級にいることが不思議なくらいで、普通のクラスでも問題ないように思います」とおっしゃってました。

でも私にとって、そんなことはどうでもいいのです。

娘がただ笑って、毎日が楽しいと思ってくれれば、それでいいのです。

この日は、私の姿を見つけると、何人もの先生が駆け寄ってきて、「○○ちゃん、すごく変わりましたね、よかったですね」「教室から○○ちゃんの笑い声が、職員室まで聞こえてくるんですよ」と手を取って喜んでくださり、忘れられない一日となりました。

ある朝のことです。

娘が手作りのおみくじを作って、ひとつ私に選ばせました。

開くと、「今日は一日中、良いことがたくさんあります」と書いてありました。

喜んでいると、「ほかのも全部見せてあげるね」と全部開き始めました。

そして、「どれを引いても、良いことしか書いてません」と、笑いだしました。

どのおみくじを見ても、楽しくて嬉しくなることばかりでした。

このとき、娘の笑顔を見ながら、この子の人生は、これから先、何があっても、きっと幸せだな、と思いました。

そして、必ずそうなるように、明るいことば、明るい笑顔、惜しみなく注ぎ続けていこうと思います。

そして、ますます良くなるように、一人さんのサプリをこれからもずっと続けていきます。

追伸です。

私の感動をお伝えする機会を与えてくださって、本当にありがとうございます。

奇跡の連続で、書きたいことはたくさんあるのですが、すべて書くと、とてつもなく長くなりそうです。

私の体験が、誰かの幸せにつながっていくのだと思うと、大変嬉しいです。幸せです。感謝します。

（拍手）

（※この手紙は個人の感想で、効果効能をうたったものではありません）

一人さん、ほんとに私たちに素晴らしい使命を与えてくださって、ありがとうございます。

これから、私は、一人さんの教えと、このサプリを広める
ことが、使命だと思ってます。
ありがとうございました。

はなゑ社長、ありがとうございました。
今一度、大きな拍手をお願いいたします。

一人さんのお話

皆様、お待たせいたしました。
ここからは、一人さんのお話です。
皆様、大きな拍手をお願いいたします。

はい、ありがとう。
えー、今、はなゑちゃんの話聞いて、泣いてたら、出番が来ちゃったよ。
ちょっと待ってね。（一人さん涙をふいています）

えー、私は天照様が好きです。

天照様って何ですか？　って、太陽です。

私たち、太陽からエネルギーもらって生きてるんだよね。

よく、あの太陽と同じ星はいくつもあるっていうけど、でもね、ちょっと近すぎたら、生命はないんです。

ちょっと遠すぎたら、もう、今度寒くてね、生命ってないんです。

月やなんかが、地球のまわりをグルッと回ってくれてるから、地球って守られてるの。

隕石とかね、ぶつかってこないのはね、いろんな星が守ってくれてて、ほんとに、絶妙なバランスがあるからね。

地球って、守られてるんだよ。

生命っていうのはね、昔、海彦とか山彦とかいったでしょ。あれ、彦っていうのは、お日様の子供、日の子っていう意味だよ。

私「ひ」と「し」が言えないからね、ごめんね、江戸っ子だからね。

男の子は「彦」、お日様の子供だよ。

姫っていうでしょ、女の子は。なになに姫、なになに姫。「姫」っていうのは、お日様の娘だよ。

日の子供ね。太陽の子供という意味ね。太陽とは生命の元なんだよ。

太陽ってすごい偉いの。

「えー、みんな出ておいで」とか言わないの。
好きなだけ陽に当たんな、って言う。
中には、もぐらみたく、やだって、もぐってるのもいるの。
めめず（みみず）なんか、当たると乾燥しちゃうからね。
でもね、嫌がってるもぐらも、めめず（みみず）もね。
もし、太陽が出なかったら、大地は凍り付いちゃうんだよ。
だから、みんな、太陽に生かされているの。みんなね、好きなだけ当たりな。
太陽は、命の元なの。
それで、集金しないの。
ここが違うんだ。

無償の愛だからね。

朝出てきたからってね、「太陽代」取られるとかないでしょ。

与えて、与えて、与えて、それで、集金しない……。

太陽さん大好きです。

（拍手）

今日はね、この話してくださいって言われましたので「健康になる話」。

それから、「幸せになる話」。

えー、この後がすごいです。

いきなり、「霊の落とし方」。（笑）
ね、うちの会社のここが面白いとこだと思います。
こういうとこが好きな人はたまらなく好きです。はっはっは。

健康になる話

で、今からね、この話します。
健康になる話、健康ならいいもんね。
健康って、こうやってやるとなるよ、っていう話をします。
（拍手）

ありがとうございます。

で、健康ってどうやってなるの？

健康ってね、「絶好調」って言えばいいんです。

普通の人はね、「絶好調」って百パーセント調子のいいときに、「絶好調」と言うと思ってるけど、私は、「絶好調」は二十パーセントって決めてます。

えー今日は、あと、一パーセントで絶好調です。

はっはっはっは、そりゃうそだよ。

「絶好調」です。今日は、ほんとに。

そうね、「絶好調だよ」と言ってるとね、だんだん、「絶好調」になってくるんです。

たとえば、長年、体の悪い人がいてね、「俺ここが痛いんだよ」とか、「こっち痛いんだよ」「今日は苦しくてさ」って、言うよね。

それ本当だと思うんです。

奥さんに、「俺よ、具合悪くて」って言ってる人います、旦那さんでね。

ま、反対の場合もあるんだけど。

問題は、あなたの奥さん、お医者さんじゃないです。

いくら言っても治りません。

治せない人に「俺、ここ悪くてさあ、あっち悪くてさ」って言うと、言われた人は心配するだけなんです。

それより、「いや、俺、調子いいよ、今日」「いや、ちょっとは苦しいんだけど、昨日よりいいんだよ」って言うと、相手はそれ聞いただけで、何となくほっとするんです。

それを、「俺、こんだけ悪いんだ、こんだけ悪いんだ」って言ったって、奥さんどうしようもないんです。

お医者さんに行ったときはいいんだよ。

お医者さんに行って、「絶好調です」(笑)

それじゃ、何しに来たんだよ。

お医者さんに行ったときは、「ちょっと、ケツ痛くてさ」

とか「胸苦しいんですよ」とか、言わないとね。
でも、ふだんは「絶好調」って言うとね、人間の体って、だんだん、だんだん元気になってくるんです。

私ね、子供のときから、ほんとに具合悪くて、病気がちだったの。
ずっと病気がちだったんだけど、ある日、とんでもないことに気がついた。
ともかく死なないの。
ほんとに死なないの。
それでね、昔から、今度だめだろう、今度だめだろう、って、だめにならないの。

結局、死なないヤツは丈夫なんだ。（笑）

それからね、俺、体にだけは自信あるんだよ。

だって、俺と同じ歳までに、死んじゃった人っていっぱいいるの。

すごい元気そうだったのに、死んじゃった人もいるの。

だけど、俺、死なないの。

だから、死なないヤツは元気なんだな、って。

えー、自分の奥さんやなんかにもね、「俺、調子いいよ」とかね、自分の周りが安心するようなことば、これを言ってると、奇跡が起きる。

（拍手）
勘違いしちゃいけないよ。
「絶好調」って言ってたら、病気しないとかじゃないんだよ。
病気するよ、俺、昨日まで風邪ひいてたんだから。（笑）
ただ、治りも早い。それから、周りの人が明るい。
俺、何回も入院したことあるんだけど、入院しても、俺が
入院してる部屋、明るい、ほんとに。
看護婦さん、遊びに来たりね。俺、相談に乗ってあげたり。
すごいね、明るいよね。
明るくしてるとね、ほんとに治りが、早い。
だから、「絶好調だ」って言いな。

それだけで、全然違ってくるよ。

幸せになる話

それから、幸せになりたかったらね、「幸せだ」って言いな。

先にだよ。

幸せになってから言うんじゃないんですか？

違うよ、幸せになりたかったら、「今、幸せだ」って言いなよ。そばやに行って、天ぷらうどんだって、出てくる前に、「天ぷらうどん」って言うだろ、って。

（笑、拍手）

「出てきてから、言います」って言ったって、ずっと出てこないだろ。

だから、人間だってね、先に、「幸せだ」って言いな。

今俺が「いや、具合悪くてさ」って言ったら、みんな心配するよ。

俺、うちのお姉さんとこへ、最近お姉さん、一人さんファンの集まるお店っていうのやっててくれて、そこへ行くんだけれど、そこへ行くと、「ぼくちゃん、いつも幸せそうね」って。

俺、「ぼくちゃん」て言われてるの。

（笑）

それで、「幸せそうね」って言うんで、「うん、俺、幸せなんだよ」って言うんだけど、「一人さん、いつも幸せで、嫌なことないでしょ」って。

嫌なことあるよ。あるよ。ほんとにあるんだよ。商売やってたら、仕事やってたら、嫌なことなんて、山ほどあるよ、って。

だけど、姉さんとこ行って、こういうことがあってさ、あいうことがあってさ、って言っても、姉さん、解決できるわけじゃないんだよ。

嫌なことで、心配させるだけだよね。

ところが、「あんなこと、どうでもいいよ。俺、幸せなんだよ」って言ってるうちに、人間の脳って、幸せを数えだすの。

「これこれこうで、幸せだよね」って言いな。

それを自分が「大変だ」とか、「不幸だ」って言う。

脳ってね、「疲れた」って言うと、疲労物質がわーって出てくるんだよ。

今日の仕事は、やりがいがあって、心地よかったなって言うと、その物質は出方が全然違ってきちゃう。

脳って、特別なそういう働きがあるの。

「幸せだな」って、言ってごらん。

あのね、よく、嫌なことがあったり、辛いことがあったら、「あんた、言ってごらん。それってさ、言わないでいると、溜まっちゃうから、言ったほうがいい」と言うよね。

でも、言ったら、解決しますか、というと、しないよ。

弱気なこと言ったら、どうなるかっていうと、泣きごと言ってる人って、ずっと言ってるんだよ。

言わないよりは、言った方がいいかもわからない。

でも、もっといいのは、強気なこと言ってみる。

たとえば、「うちの部長が怒ってばっかしいてさ」って、部長のこといろいろ言ったって、部長が世の中からいなくなるわけじゃないよね。

それから会社に行かなくていいわけじゃないよね。

試しに強気なこと言ってみる。

「うちの部長なんか、いくら怒ってたって、全然怖くないですよ。うちの女房の方が、五倍怖いですよ、目じゃないですよ」とか言ってみるとね、ふっと強気になる。

怒鳴ってる部長がいたら、「部長、最近怒り方に気合いがないですよ、どうしたんですか。私のこと叱ってくれるの、部長だけですから、がんばってくださいよ」（笑）

弱気になってね、弱音吐くと、余計辛くなる。

昔ね、「辛いことあったら言ってみな」って大人たちがよく言ってたけど、でもね、言ってもほんとに、だめなんだよ。

大人がいろんなこと言って、俺、子供のとき、ずっと聞いてて、子供ってさ、大人の言うこと信じるじゃない。

で、「猿とらっきょ」の話があってさ。

猿にらっきょやるとね、猿がらっきょの皮剥くんだって。

そいで、最後まで剥くと全部皮だから、怒ってね、ヒステリー起こすんだって。

それ聞いたもんだから、駅前に猿飼っているとこがあったの。

それで、お小遣いでらっきょ買って、持っていったの。

そしたらね、猿は、らっきょ握ったら、剥くと思ったらね、こうやって、ポンって捨てたの。

次のも、こうやってポンって。剥かないの。

この話ね、みんな知らないけど、昔いっぱい聞かされたの。

ぜんぜんウソだよね。


うん、もっとすごいのはね、あの、「アイヌの熊退治」っていう話があって、これがね、すごい話でね。

北海道のヒグマがね、人を襲うときに、こうね、立ち上がって両手を広げて襲いかかるんだって。

そこへ、アイヌの人がね、ナイフを持って、胸の中に飛び込んで入っちゃうんだって。

俺も子供の頃、そうかそうかと思って聞いてたの。

そしたら、ヒグマは手が胸のとこまでこないんだって。

だから、中に入っちゃうと、平気だから、それで喉をひと突きにして、熊を捕まえる。

そうかあ、ってずっと信じてたの。

それで、生まれて初めて北海道に行ったときね、熊牧場ってのがあって、そこに行ってね、ヒグマ見てたら、胸のあたりバリバリバリ掻いてんのね。

（笑）

あの話はなんだったの。

えー、昔から言ってるからって、大人が言ってるからって、合ってるわけじゃないよ。

一人さん、何言いたいのかっていうとね、弱気なこと言ってもいいことひとつもないよ。なんかあったら、強気なこと言ってごらん。それでほんとにね、気分が違ってくる、ってね。

奥さんが、「あんた、今日顔色青くない？」って言ったら、「何言ってんだ、お前、枝豆は青いほど元気」とか。（笑）えー、こんな訳のわかんない話しているうちに、だんだん元気出てきて、ほんとに絶好調になっちゃうから。

（拍手）

それだけなの。

だからこれからね、みんな「今日どう?」「絶好調だよ、体は絶好調、恋愛も絶好調、仕事も絶好調」

うん、するとね、だんだん、だんだん、ほんとに元気になってくる。これが言霊なの。

病気したって、なにしたって、「絶好調」って言ってればいいの。

ね、治るものは治る。

周りに心配させないこと。

あのね、元気でもないのに、「元気です」とか、「俺幸せだよ」って、嘘かもわからない。

嘘つくと、どうなるか知ってる?

嘘つくと、地獄に行くんだよ。

それでね、みんなのために嘘ついても、地獄に行くんだよ。

自分のために嘘つくヤツいるじゃない、詐欺なんかね、悪いことするヤツ。

あれも地獄に落ちる。

結局は地獄に行くんだよ。

じゃあ同じじゃねえか、って言うと、そこが違うんだよ。

人のために笑顔でいたほうがいい、人のために愛のある嘘をついたほうがいい、そういう人は、地獄に自分から行くんだよ。地獄は六道ある。

その六道に、地蔵がいるんだよ。

だから、よく六地蔵って書いてあるでしょ。

地蔵菩薩ってね、地獄の一番下まで行って人を助けてくれるんだよ。それと同じで、自分が地獄の一番下まで行って、人を助けてくる人がいるんだよ。

これを「地蔵菩薩の行」っていう。

だから、ちょっとぐらい絶好調じゃなくったって、「絶好調」で、絶好調の度合いを下げればいいんだよ。

なんなら、十パーセントにしちゃえばいいんだ。

そしたら、いくらでも絶好調になっちゃう。

だから、自分が「絶好調ですよ」、って言えるような人は、六道の世界に入って行ってまで、人を救ってこれる人。

この話、聞いちゃったよね、（笑）この話聞いちゃった人は、

「地蔵菩薩の行」に入る時期です。

はっはっはっ（会場　笑いと拍手）

だから、これからみんなは何があっても、「絶好調」。

うんと具合が悪いとき、せめて言ってもいいのは、

「昨日よりはましだよ」。

「お前のお陰だよ」。

「みんなのお陰だよ」。

（拍手）


ほんとに幸せって、すぐ傍にあります。

言えば出てきます。
ほぼ天ぷらうどんと同じ原理。
「幸せ」と言えば「幸せ」が出てくる。
「絶好調」と言えば「絶好調」が出てくる。
これが言霊の作用。
(拍手)

「霊の落とし方」

えー、「霊の落とし方」です。
(笑、拍手)

この前ね、あっ、これね、霊がいるとかいないとか、信じられない人は全然信じなくていいよ。

この前、お姉さんのお店に行ったらね、鍼灸師の方が来てね。

なんかね、引っ越したらしいの。

引っ越したら、そこ、お客さんは来るけど、霊の通り道で、霊がやたら来るらしいの。

夜になると疲れて、バタッと倒れちゃうぐらいね、霊が来るらしいの。

それでもう、来てるときから、疲れちゃって疲れちゃっていられないんですって。

じゃ霊の落とし方、教えてあげるからね、やってごらん、って言ったの。

まず、霊の落とし方なんだけど、簡単ですから覚えてくださいね。

霊が憑いたら、早く落としたいとか思っちゃだめなの。霊が憑いたらどうするかっていうと、「ゆっくり憑いてなよ、これからうまいもん食うからさ。一緒に食べてな」とか。簡単に言うと、浮遊霊で幸せだった奴っていないんです。浮遊霊で「絶好調です」とかね、いません。

（笑）

不平、不満、愚痴、泣き言、それの固まりみたいなの。

陰と陽は同居できないんです。

こうやって光が付いたら、闇は消えちゃうんです。

闇と光は同居できないんです。

よく、こういう人いるじゃない。

あそこに霊がいた、怖い怖い、って言ってる人いるでしょ。

あれ、霊感あるんでもなんでもないよ。

ただ霊に弱いの。

怯えてるだけなの。

捕まえてひどい目に遭わしました、とか、二度と出られない体にしました、とかって、そういうんじゃないよね。（笑）

ただ、怯えてんだよね。

私たち、恐山なんか行くんだけど、霊が憑くとだんだん重くなってくるから、「付けとけよ」って。もったいないから、落としちゃだめなの。

霊の見える人だと、「幸せだなあ」とか、「今日はこれからうまいもんでも食おう」って言ってると、ピューって成仏する。

ちょうど蛍がピューって上がるように。

それで、自分に憑いた霊が、ピュー、ピュー、ひとつ上がるたんびに、それが守護霊みたくなって、今度は自分のことを守りだす。

よくこういう人いるじゃない。

私はね、霊感があって、いろんな人の霊を取ってあげたせいで、自分がその人たちの因果を背負って、病気になっちゃった。

おかしくない？　それ。（笑）

だって、人助けしたら病気になるんだ。

人助けすると、悪いこと起きるんだ。

そんなこと考えられないよ。

一人ずつ調べてみな、助かってないから。

あんた、助けたつもりになってんだよ、助かってないよ。

だって、人助けしたら、いいことといっぱいあるんだよ。

ね、情けは人の為ならず、ってね。

あの、浮遊霊って元は人間なんだよ。

みんな神様から、分け御霊って命もらってんだよ。

それが天に、帰ってこない奴がいっぱいいるんだよ。

それ送り届けてあげると、天の神様、すごい喜ぶんだよ。

送り届ける方法は何ですかって、「幸せだなあ」とか、「絶好調ですね」とか言ってると勝手に飛ぶの。

それだけで、飛んで行ったものがね、俺たちを今度守るようになってくる。

だから、飛ばせば飛ばすほど、成仏させればさせるほど、運勢は強くなる。

それを、くっついちゃったからって、怯えて早く取ろう、中にはお祓いに行ったりなんかして、尚かつお金取られちゃって。もったいないよ。

それ教えてあげたら、その鍼灸師の人、話聞いてるうちに、どんどん元気になっちゃって。

次、会ったらね、「いや、最近いいですよ、お客さんは来るし、霊は来るしね」って。

(笑)

鍼灸師さんはね、お客さんは治しちゃうし、霊は成仏させちゃうし、絶好調らしいよ。

で、だいぶ昔の話なんだけどね、うちの恵美子社長がね。

「大阪で仕事やんないかい？　お前、大阪でやってくれるかい？」って言ったらね。

恵美子さんがね、北海道の人だから、関西の人を、怖がるんですよ。

いや、北海道の人って、東京まで出てくるけど、あんまり関西まで行かないんですよ。

「なんか、関西って怖いから、私、嫌だわ」って言うから、「いや、お前の方が怖いよ」とかって、まあ心の声なんだけど。（笑）

それでね、今、心の声が出てしまったんだけど。（笑）

ところがね、私ね、関西によく行くから知ってるんだけど、関西の人たちって、すっごい親切なの。

東京で道聞くと、あっち行って、こっち行って、って言うでしょ。

向こう行くと、うーーん、どうやって教えたらわかってくれるかって、紙に書いたりね、連れてってくれたりね、ほんとに。だからお前行ってごらんって、行ったらもう、はまっちゃって、「ほんとにね、関西の人って優しいね」って言うから「優しいよ」って。

そのときに、一番最初、事務所探しに行ったときね、広い、なんか工場の跡みたいのが何棟もあって、そこがね、レストランになってるの。

なんか手品みせたりしながら、食事するんだけど。

そこでね、食事してたら、写真を撮る人がいるの、ポラロイドカメラって知ってる？　ビーって出てくるやつね、昔の。Vサインなんか出して、こうやって、ご飯食べながら、恵美子さんと写真撮ったの。

ビーっとそれが出てきたの。しばらく経つと写真が出てくる。

そしたらね、俺の頭の上にね、骸骨が出てんの。

（笑）

いや、ほんとに。

それでね、こともあろうに俺の頭かじってんの。

（笑）

いや、おかしいでしょ。そいでね、その時ね、「一人さん、骸骨出てるよ」って。

「いや、ほっときな、かじってんじゃないの、離れたくないの」

（笑　拍手）

それでね、楽しくしてるといなくなっちゃうからね。成仏するからね。

ただ、それだけのこと。

「絶好調」とか「幸せだな」ってクセが付くと何でもないいんだよ。

俺たちは、霊なんか怖がったこと一回もないの。

なんかが憑いたら、早く取りたいなんてないの。

だいたい憑かれるってさ、俺たちは縋《すが》られるっていうの。

縋ってきたら、成仏させりゃあいい。

でも、同じ波動で暗い人には、ぴったり取り憑いちゃうの。

中にまで入られるのを、魅入られるっていうの。

魅入られちゃうと、おかしな行動したり。いるでしょ。

あれも考え方変えたら、治っちゃうんだよ。

「絶好調」とか言い出したら、悪い霊なんか、まず居られないから、そういう天国ことばとかね、そういうことば、嫌いなの。

ともかく、被害者が好きなの。
なんでもかんでも被害者。
不幸な人いるでしょ。不幸な人は全力で不幸になってる、
って知ってる？
顔ね、不幸そうな顔してて、不幸そうな髪型、不幸そうな
服の色、不幸そうなことばっかし言ってる。
人生にいいこともあったの、それは言わないの。
嫌なことだけチョイスして、ずーっと、言ってる。（笑）
ほんとだよ。
不幸そうにしてないで、光もんつけな、って。

『一杯のかけそば』って話、知ってる？　知ってるでしょ。家族三人で、暮れに来て、一杯のかけそばを頼むっていうんだけど、あれだって、ここにキラキラする指輪ね、千円のでいいから指輪でもしてて、こうやってそば屋のドアをあけたとき、指がギラギラってしてたらさ、なかなか三人で一杯ってわけにいかないよ。

三人で一杯っていうわけにいかないような人は、三人で一杯食うような人生送らないもん。

三人で一杯が似合っちゃうような格好してるから、だめなんだよ。

いや、ほんとなんだよ。

それで、三人で一杯そば屋で食うんだったら、家で買ってきて食やあいいんだ、そしたら三人でたらふく食えるんだから。（笑）

だから幸せそうにしてなって。

ほんとはね、この霊の落とし方が話したくて、「絶好調」とかいろんな話してたのね。

なんでかっていうと、いきなり霊の話をすると、怖がってしょうがないの。

ところが、「絶好調」とか「幸せだな」ってクセが付くと、霊なんか何でもないよ、って、わかるかい。

で、浮遊霊にたいした奴なんかいないよ。

よほどの人格者とかいないんだ、あんなもんに恐れをなすっていうこと自体がおかしいよ、って。

実は、全国からいっぱいそういう相談が来るの。

それでね、また、いろんなとこに行くと脅かされるの。

相手は、脅かした後、必ず金取るんだよ。

俺の場合、ただ、だからね。（笑）

一発で決めないと大変なの。

（拍手）

だから、みんなが一発で取れる方法、ほんとにこれで取れるんですか、って、取れます。

それと、たとえ病気になっても、「絶好調だよ」とか、「みんなのお陰で元気になってきたよ」って。

あなたに神が奇跡を起こしたい人ですか。

「なんとか、俺、女房の注目集めたくてさ、こっち痛いんだよ、あっち痛いんだよ」とか。

それよりさ、「お前のお陰で元気になったよ」とか、神が上で見てて、「こいつに奇跡を起こしてやろう」っていう人間だろうか。

霊のこともそう。

「取り憑かれたからこうなんです」とか、

「私、先祖のあれがこうでこうで」とか。

先祖、いろんな奴いるよ、ほんとに。
だって、親って二人いて、その上にまた二人いるんだから、
計算していくと、日本中ほとんどみんな先祖だよ。
いや、そういう計算になるんだもん。
その中にはね、人殺しもいりゃあ何だっているよ。だって、
ちょっと前まで刀持って斬り合いしてたんだよ。
あれは、ああいう時代なんだよ。
ね、それの因果背負って、どうのこうのって、　嘘だよ。
いや、ほんとに嘘だよ。
ね、それより、「絶好調です」。
昔は昔で元気に生きてた。今は今で元気に生きればいい。

たったそれだけです。
（拍手）
えー、本日は非常に順調に話が進みましたね。
どうもありがとうございました。
（拍手「もう少し話して」のかけ声）

使命って人の役に立つこと

まだ、舞台から降ろさない、って、顔してるからね。もう少し話すね。
えー、私、自分の仕事、使命だと思ってる。

新しいサプリ広めるの、使命だと思ってる。
みんなもね、私に付き合いなさい、とかっていう話じゃないんだよ。
よく、夢とか目標とか、いろんなものを持つ人いるじゃない。
私は、持った方がいいと思ってる。
使命ならもっといいな。
夢がない、目標がない、使命がない、と、どうなっちゃうんですか。
世界で一番福祉のいい国ってありますよね。
福祉が良くなればなるほど、自殺者が増えるの知ってる？

別に福祉してくれたら、自殺って増えないようように思うでしょ。ところが……。

国はお金はくれるよね。

そのお金で細々とは食べれるよね。

だけど、夢はくれないよね。

目標もくれないよね。

目的もくれないよね。

そうすると、どうなっちゃうんですか。

自分はこういうことしたいんだ、なんでもいいの。

そのことに向かって歩き出すと、ドラマが生まれる。

わかるかい。

人間て、なんでもいいから自分の夢を持って、エベレスト登るんだ、でもいいんですよ。

純ちゃんみたいに、俺は上野の山に登るんだ、でもなんでもいいんです。（笑）

もう、なんでもいいんです、もうなんでもいい。

なんか目的を持って動き出すと、そこにドラマが生まれる。ドラマがないとどうなっちゃうかって。やってない映画館みたいなもんなんだ。

いつまでたっても始まらない映画館にいるようなもんなんだ。

ずっと見てても、映んないテレビみたいなもんなんだ。

それをずっと見てると、嫌になっちゃってさ、映画館から、
俺出ちゃうかな。
ね、もし映画館から出ちゃったら、それが、人生やめちゃ
って自殺しちゃうってことと同じじゃないかな。
ひとつ自分のね、なんでもいいよ。使命を持ちな。
使命ってなんですか、って。
夢ってさ、俺アメリカ大陸一周するんだ、これ、夢だよね。
それでもドラマはあるの、やってみると。
こういうことに出合って、こういうことに出合って。
だけど、それ、あんたの夢だよね。
あんまり感動ってない。

人に聞かしても、ああ、そうなんだ、そうなんだ、っていうようなものなの。
ところが、使命ってさ、人の役に立つことなの。
わかるかな。

自分のドラマが最高

前ね、能登でね、船がひっくり返って、重油が流れちゃったことあるの。
そのときに、一生懸命ね、真冬の海に、ボランティアで出かけた人たちがいるの。

その人たちが重油を取って海岸をキレイにしていると、町の人たちが、あったかいおみおつけくれたりとか、ほんとに喜ばれることとすると、使命感ていうのが湧くの。

だから、そんなに遠く行かなくてもね、今、私はサプリなんかやってて、あの、さっきの、はなゑちゃんが読んだ手紙みたいの来ると、すっごい嬉しいの。

自分のやってることが、誰かの役に立ってるんだ、っていったときね、人ってね、すごく楽しくなるように、神様が創ってくれてある。

これから、日本って、もう豊かになった国なの。

『おしん』の時代に比べたら、全然違うじゃない。

で、この豊かなときに、みんなが求めてるのは、自分が少しでも参加できる使命じゃないか。

だから、うちの特約の人が使命感持ち、治ったお客さんが小冊子でも配ってくれるの手伝ったりとか、そこにドラマが生まれるの。

人間て、食事だけ与えられたら、生きられるんじゃないの。

戦後は、みんな自殺もしなかった。

お腹が減ってたの。

食事を手に入れただけで、ドラマがあったの。

買い出しに行っても、ドラマがあったの。

今って、ドラマがないの。

ご飯に対するドラマがないの。

だから、豊かになったからいいでしょ、っていうけど、ドラマがないの。

それで、テレビ見てると、毎日いろんなドラマやってるけど、自分のドラマが欲しいの。

わかる？

人のドラマ、いくら見ても、人の作ったドラマって、たいした感動は与えられない。


俺、偽物でいいんだったら、どんなドラマでもできるよ。

あの『冬のソナタ』って知ってる？

あれ見ててね、俺に作らしたら、もっとすごいって。

それね、『冬のどなた』っていうんだけど、(笑) ある男の人と、女の人がね、愛し合ってるんだけど、別れて二年後に会おうっていう。

二年後にね、冬の寒い日に女の人に会いに行くとね、その人がね、男の人の顔見て、

「どなた」

って言う。

忘れちゃってんだよね、自分のこと。それで、雪の中を帰って行くという、これ泣けるでしょ。(笑)

えー、やっぱし、人のドラマより、自分のドラマ、それでみんなが一人さんがいてくれて良かったとか、あなたがこの町にいてくれて良かったとか、お互いが感動できるドラマを作って、それで、いい人生だったよ、って言いながら、故郷に帰るのが最高だと思います。

どうもありがとうございました。

一人さん、とっても素晴らしいお話、ありがとうございました。

今一度、大きな拍手をお願いいたします。

斎藤一人さんがつくった
サプリメントでおきている
感動のドラマをたくさん知りたいという
お問い合わせがあるので、
このページをもうけました。
宣伝になってしまうため、
商品名はのせられませんので
「○○○○○」
と、させていただきます。
この体験談は、個人の感想で、効果効能を
うたったものではありません。

◆五年間、人に会えませんでした。

三〇代　女性

私の友人は、メニエール病からうつ病になり精神を患い、入退院を繰り返し、五年前、精神科の先生に、「これ以上は良くなることはない」と言われ、ご両親が連れて帰られました。以前の彼女には、旦那さんも子供さんもいましたが、とても一緒にいられる状態ではなく、離婚しました。

それからは、人との接触を避け、外に一切出られなくなりました。外に出るどころか、家の玄関を開けることさえできませんでした。でも、外に出なくなったときから、家の中では、会話ができるようにはなりました。

私は、「〇〇〇〇〇」の話を聞いたとき、彼女に絶対いいのでは……と思っていました。発売を心待ち（催促の電話かけました）にし、でも、伝えてあげたかったので、先に彼女に話にいきました。期待して……。

ですが、撃沈でした……。そのときは、私、再起不能になりました。でも、こりませんでした。

その日、それも、とんでもない時間に、彼女のところに押しかけ、まず「○○○○○」を飲ませました。めずらしく素直に飲んだことを見届けてかえりました。

次の日の夜、彼女から電話が……「起きられない苦しい」って……ほっとけないやと思い、彼女の家に……。

苦しそうな彼女を見たのですが、私は「どうせ、家にこもって何にもできないんだから、問題ある？」って、「私、三つも仕事して、まだなおかつ、こうやって夜中でも、飛んできてるんだよ」って。

「一週間飲んで嫌だと思ったら、やめていい」とまで言ってしまったんです。五日目、友人から連絡なし……。

そして、八日目、朝八時に電話、彼女から。かなりどきどきでした。「もしもし」って、電話に出るなり、昔の合言葉が！「もしもしかめさんかめさんよ」って……。

誰？って思いました……。この合言葉はいつも私と彼女としか使っていないんです。でも、こういう会話が一〇年ぶりなんです。で、彼女笑ってるんです。

彼女が「今日ね、外で洗濯干したの。で、二階から外見てたら、近所にアパート借りて住んでる自分の息子と旦那さんを見られたの」って(彼女は、洗濯を干しにベランダに出ることさえできなかったんです)。

「明日は手を振ってみる！」って……。うれしかったです。本当に……涙が止まりませんでした。

すぐ、彼女の元旦那さんに連絡しました。「明日、必ず朝、二階を見てて!!」……九日目の奇跡です。

今では、毎日、手を振ってるそうです。来週、彼女の誕生日。わたしは、とてつもないサプライズを考えています。また報告します。一人さん、まるかんの仲間に感謝してます。ありがとうございます。

※奇跡です！転機がおとずれました!!

いつもありがとうございます。感謝してます。

先月、うれしい報告をしましたが、その彼女の一カ月飲んでの報告をします。それと、彼女の誕生日イベントの話です。

先月、彼女の誕生日、彼女の家でパーティーをしました。いつも、自分の部屋で食事をとる彼女ですが、この日は五分でいいからみんなで食べてみようって、誘って……。

はじめは抵抗してたものの、五分説得して、リビングにいきました。

戸を開けた瞬間に、元旦那さんと息子さんから花束を……。

彼女はびっくりするのと同時にうれしくって、今までずっとずっと可愛くてしょうがないのに、精神を患ってから、子供を抱き締めることも触ることも話すこともできなかったのに、抱き締めて「ごめんね」って泣き崩れました。

息子も初めてお母さんに抱き締められたので、びっくりしてましたが、途中から、私が彼に伝えたメッセージを言ってくれました。

「お母さん、僕を産んでくれてありがとう！　大好きだよ」って！

さすがの私も涙が止まらなかったです。

そして膝に息子を抱いて、離しませんでした。平日だったので、旦那さんも仕事を休んで、彼女のご両親、お姉さんと約二時間、とっても感動・感激でした。

そして一カ月飲んで、今は毎日、子供が学校帰りに寄って、時には彼女の部屋で一緒に寝てます。

飲みだしてから、眉間に三本線で、たてにくっきり筋が入ってた彼女の顔から、眉間の筋も消え、あのマイナスで暴言ばかり言う彼女から、天国言葉をどんどん聞けるようになりました。

そして、私の誕生日プレゼント、一人さんの『二千年たっても良い話』を何回も読んでみたり、CDを聞いて笑ってます。そして、むちゃくちゃうれしい報告を……！

年内には元旦那さんと復縁して、元通りの夫婦にもどられます。そして彼女のご両親と旦那さんと息子の五人での生活を今月の一五日からスタートします。まさしく奇跡です。

「〇〇〇〇〇」は神さまからのプレゼントですね。一人さん、世に出してくれたことに感謝してます。本当にうれしいです。

この体験で私もいろんな勇気と皆さんからの愛をもらいまし

た。ありがとうございます。感謝しています。

◆娘が社会復帰できました

五〇代　女性

三年前からうつ病、不眠症で、通院していました。睡眠薬に依存するだけの毎日でした。飲み始めて一週間で、劇的な変化が!! ①ぐっすり眠れて、睡眠薬を手離せた！ ②体が軽い！ ③メソメソ落ち込まなくなった！ ④テキパキ動けるようになった！ ⑤笑顔で人と接することができるようになった！ ⑥手足のシビレがなくなった！ ⑦物事に感謝できるようになった！

もうすっかり「うつ病」と縁が切れたようです。わずか一週間ですごいです。実は娘も一年二カ月前からうつ病で、先日、ついに会社も辞めてしまい、家に引きこもってしまったので、飲ませたところ、みるみる回復し社会復帰の意欲も出て、とても倍率の高い会社に就職が決まりました。母娘のうつを救ってくれた「〇〇〇〇〇〇」に本当に感謝しています。

これからも生き生きと笑顔で過ごす為に、母娘で飲み続けます。同じような悩みを抱えている方々に、私共親子の体験談がお役に立てればと思い、お話させていただきました。

◆母が昔の母にもどりました

六〇代　女性

八〇代の母に痴呆の症状が出始めました。粗相をすることが多くなり、徘徊《はいかい》することもあり、顔の表情も変わってきていました。

このままでは……と不安になっていたところ、「○○○○○○」を紹介され、早速、夜六粒飲ませてみました。すると、飲み始めて五日目に、母は朝にちゃんと起きてきて、自力でトイレに行けるようになりました。会話もしっかりとしてきて、笑顔が増えました。

その後も飲み続け一カ月半位になりますが、今ではすっかり以前の母にもどっています。本当に短期間で嘘みたいに、母は回復しました！

母への効果を目の当たりにし、私も一緒に飲むことにしました。

私はとてもハードな仕事をしておりましたが、自分でもかなり疲労がたまっているなと思っていたからです。二週間程で、すごく体が軽くなり、疲れにくくなり、若い頃のように意欲も湧いてきています。

親子揃って救われました。母と私の感激を少しでも伝えられたらと、知人や周りの人たちに「○○○○○○」を飲んでみて！　と六粒ずつ飲ませて広めていっています。

感謝でいっぱいです！　有難うございます。これからも飲み続けます。

◆きつい仕事でも疲れしらず

五〇代　女性

助産師をしているので深夜までの仕事になることも多く、いつ何時起こされるか！　という生活を送っています。

「○○○○○○」を夜六粒飲み始めて二日目。夜中三時まで起きていました。いつもなら頭が重くズキズキするのに、頭がスッキリしていて痛みはありません。

眠りが深くスッキリ感があります。便もよく出て、ニオイも臭くないです！　飲むのがとても楽しみです。

◆バリバリ仕事をしても疲れない

四〇代　男性

「〇〇〇〇〇〇」を飲んでから、脳も体も疲れづらく、バリバリ仕事ができます。
男性としても元気になります。

◆中古の体から新車に！

四〇代　女性

目!!　頭痛!!　肩こり!!　体が温まる!!　疲れにくく車の運転が楽!!　熟睡!!　目覚めスッキリ!!　すごく良いです☆

私、個人の感想として、心・精神的にすごい効果!!　最近、怒り！　落ち込み！　恐怖！　などの波がひどく、人に会いたくない！　話したくない！　仕事に行きたくない！　家にも帰りたくない！　どこかへ行ってしまいたいと思っても体力不足。

それが、なんと「〇〇〇〇〇」を飲んでからスーッ、スーッと憑き物でもとれたかのように心が軽く穏やかに心地良く感じました♪

いろいろな治療や、健康食品も飲んで、私の体はこの状態が限界なんだろうか？　と思っていた時、「〇〇〇〇〇〇」を飲み、まるで中古の体を新品に取り替えた程の体感でした。

二〇年位前のヘルニアになる前の腰!!　事故に合う前、足のどこも痛くなく、ハイヒールで走っていられた頃の体の感覚でした。

なぜ？　どうして？　これだけやってるのに、この先が良くならないの？　その答えは、脳の栄養不足だったのですね。「〇〇〇〇〇」を飲ませていただき、体感してわかりました。ありがとうございました。

五〇代　女性

◆ドライアイが治って、イライラがない

すごいドライアイで、多い時だと1日10回位目薬をさして目を

潤わせていました。朝起きる時も目やにが出て開けにくかったのですが、「〇〇〇〇〇」を1日6粒飲み始めてから目が自然に潤って、目薬を1回もささずにいられます。すごいビックリです!!

朝も目がスムーズにパカっと開けられ、しかも目覚めがいいです。

それに普段イライラすることが多かったのですが、「〇〇〇〇〇〇」を飲むようになってからは、サラッと流すことができるようになり、イライラしません!!

◆夜中の泣き叫びがなくなった

八歳　男の子

保育園の時から夜中に何度も泣き叫んだり暴れたりしていまし

た。でも本人は覚えていません。睡眠が浅く、よく夢も見ているようです。

それは小学三年生になった今でも続いていました。おとなしい性格なので日頃のストレスを解消できていないのかな…と思っていました。そこで「○○○○○○」を飲ませたところ、その日からピタリと夜中の泣き叫びがなくなり、起きることもなくぐっすり眠っています。とにかくびっくりしています。

◆あぁ、右耳の耳鳴りが止んでいる?!

三八歳　女性

私は三〇歳頃、メニエール病を患ったのが発端で右耳の聞こえが年々悪化していました。聴力検査をすると、八〇歳のおばあさん並みの聞こえで三三歳頃には、右耳は四〇cm近くに来なければ聞きとれない状況にまでなっていました。

寝る時以外は耳鳴りがやむことはありません。もちろん弊害はたくさんあります。聞き返しが多い、しゃべるのがおっくう、テレビも雑音にしか聞こえなかったり……。

社内でも自分は無視したつもりは全くないけれど、相手側には無視した態度にとられたり。お医者様に相談したところ、「聴神経腫瘍の可能性が高いですね」「はっ⁉ 私、ガンやったん？」そんな時、「〇〇〇〇〇〇」を飲み始めて三日目……。

今の今、気づきました‼ 仕事中に大声で叫んだのです。「あぁ〜っ！ 私……右耳の耳鳴りがやんでいる⁈」しかも初めて、きちんと音楽が聞こえる右耳に気づいたのです。六年ぶりのことです。私は何度も何度も左耳をふさいで音をかみしめました。原因は血流障害（聴神経への）と言われていましたが、脳への栄養が一気に流れたのでしょう。

奇跡はまさしく起きています。以上、私の「〇〇〇〇〇〇」の感想です。

ひとりさんとお弟子さんたちのブログについて

斎藤一人オフィシャルブログ
(一人さんご本人がやっているブログです)
https://ameblo.jp/saitou-hitori-official

お弟子さんたちのブログ

柴村恵美子さんのブログ
https://ameblo.jp/tuiteru-emiko/

舛岡はなゑさんのブログ
【ふとどきふらちな女神さま】
https://ameblo.jp/tsuki-4978/
銀座まるかん オフィスはなゑのブログ
https://ameblo.jp/hitori-myoudai-hana/

みっちゃん先生のブログとインスタグラム
https://ameblo.jp/genbu-m4900/
https://www.instagram.com/mitsuchiyan_4900/?hl=ja

宮本真由美さんのブログ
https://ameblo.jp/mm4900/

千葉純一さんのブログ
https://ameblo.jp/chiba4900/

遠藤忠夫さんのブログ
https://ameblo.jp/ukon-azuki/

宇野信行さんのブログ
https://ameblo.jp/nobuyuki4499

高津りえさんのブログ
http://blog.rie-hikari.com/

おがちゃんのブログ
https://ameblo.jp/mukarayu-ogata/

楽しいお知らせ

無　　料　ひとりさんファンなら
一生に一度はやってみたい
「大笑《おおわらい》参り」
ハンコを9個集める楽しいお参りです。
９個集めるのに約7分でできます。

場　　所：ひとりさんファンクラブ
（JR新小岩駅南口アーケード街　徒歩３分）
電　　話：03-3654-4949
年中無休（朝10時～夜7時）

≪無料≫　金運祈願　恋愛祈願　就職祈願　合格祈願
健康祈願　商売繁盛

ひとりさんファンクラブ

住　所：〒124-0024　東京都葛飾区新小岩1-54-5
ルミエール商店街アーケード内
営　業：朝10時～夜7時まで。
年中無休　電話：03-3654-4949

各地のひとりさんスポット

ひとりさん観音：瑞宝山　総林寺
住　所：北海道河東郡上士幌町字上士幌東4線247番地
電　話：01564-2-2523

ついてる鳥居：最上三十三観音第二番　山寺千手院
住　所：山形県山形市大字山寺4753
電　話：023-695-2845

観音様までの楽しいマップ

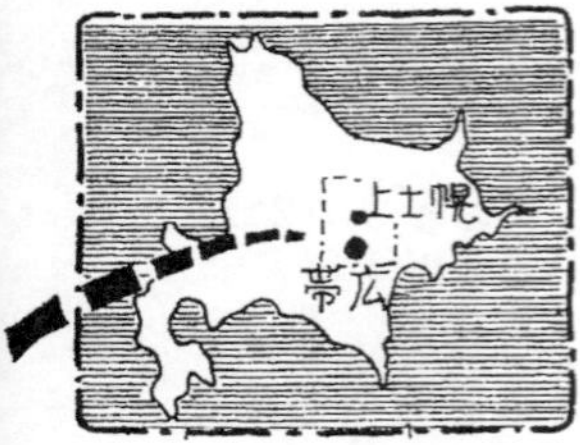

① 愛国←→幸福駅

『愛の国から幸福へ』この切符を手にすると幸せを手にするといわれスゴイ人気です。ここでとれるじゃがいも野菜・etcは幸せを呼ぶ食物かも!! 特にとうもろこしのとれる季節には、もぎたてをその場で茹でて売っていることもあり、あまりのおいしさに幸せを感じちゃいます。

② 十勝ワイン（池田駅）

ひとりさんは、ワイン通といわれています
そのひとりさんが大好きな十勝ワインを売っている十勝ワイン城があります
★十勝はあずきが有名で『赤い宝石』と呼ばれています。

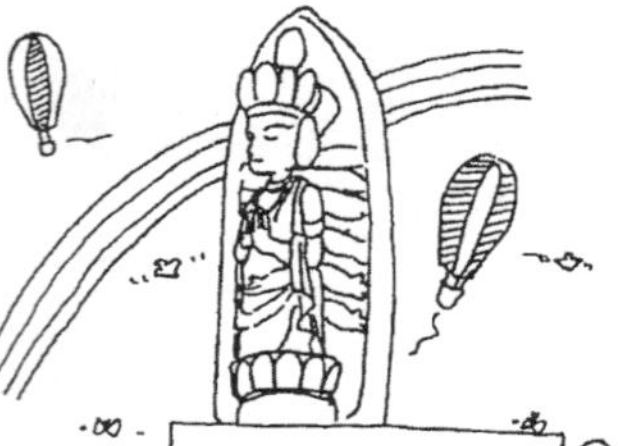

★観音様

ひとりさんの寄付により、夜になるとライトアップして、観音様がオレンジ色に浮かびあがり、幻想的です。

この観音様は、一人さんの弟子の1人である柴村恵美子さんが建立しました。

③ 上士幌

上士幌町は柴村恵美子が生まれた町。そしてバルーンの町で有名です。8月上旬になると、全国からバルーンミストが大集合。様々な競技に腕を競い合います。体験試乗もできます。

ひとりさんが、安全に楽しく気球に乗れるようにと願いを込めて観音様の手に気球をのせています。

④ ナイタイ高原

ナイタイ高原は、日本一広く大きい牧場です。牛や馬、そして羊もたくさんいちゃうのヨ。そこから見渡す景色は雄大で感動!!の一言です。ひとりさんも好きなこの場所は行ってみる価値あり。

牧場の一番てっぺんにはロッジがあります（レストラン有）。そこで、ジンギスカン焼肉・バーベキューをしながらビールを飲むとオイシイヨ!! とってもハッピーになれちゃいます。それにソフトクリームがメーチャオイシイ。2ケはいけちゃいますヨ。

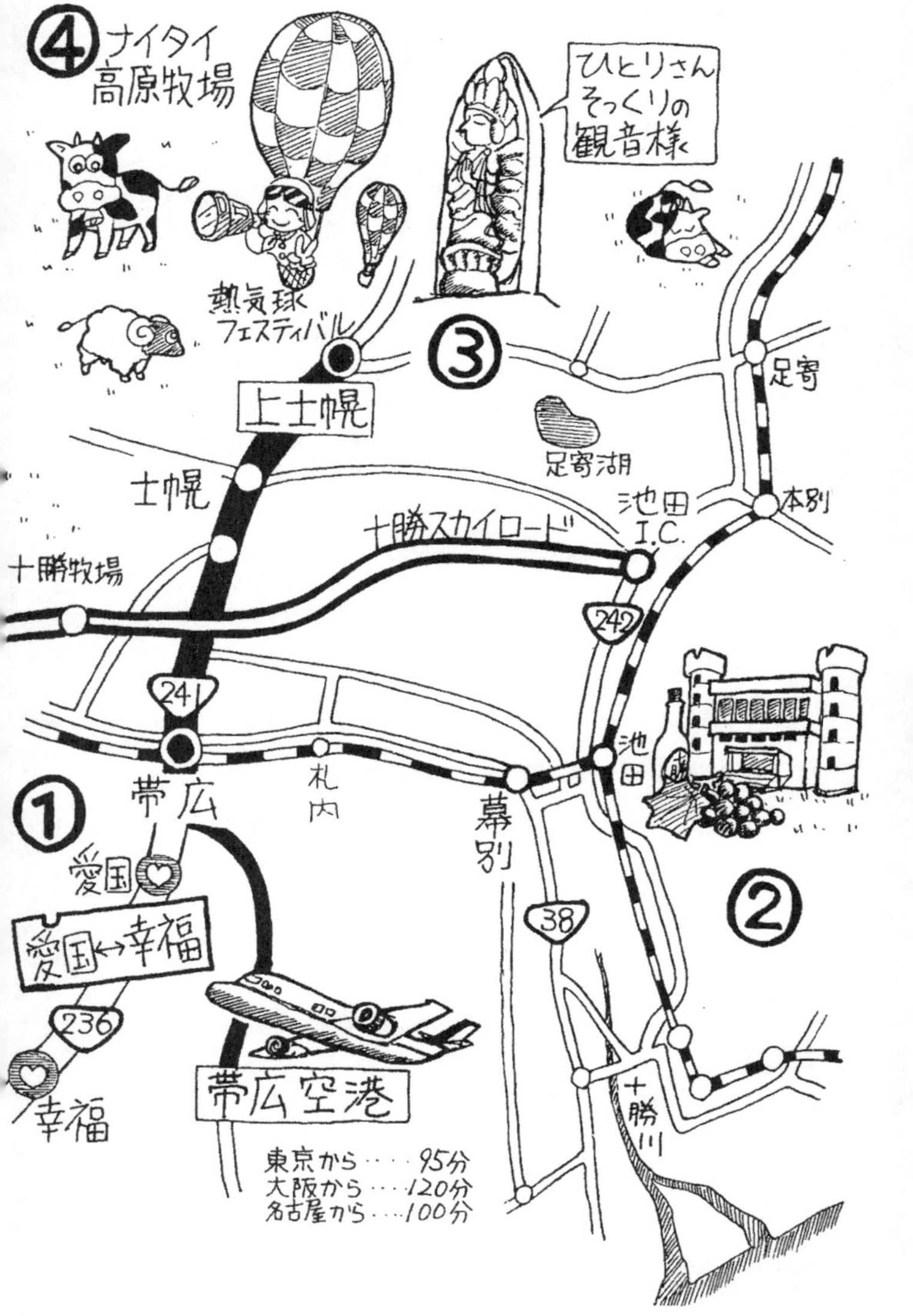
④ナイタイ高原牧場
熱気球フェスティバル
ひとりさんそっくりの観音様
③
上士幌
足寄
足寄湖
士幌
池田I.C.
本別
十勝スカイロード
十勝牧場
242
241
池田
帯広
札内
幕別
①
愛国
愛国↔幸福
②
38
236
幸福
十勝川
帯広空港
東京から……95分
大阪から……120分
名古屋から……100分

斎藤一人さんのプロフィール

東京都生まれ。実業家・著述家。ダイエット食品「スリムドカン」などのヒット商品で知られる化粧品・健康食品会社「銀座まるかん」の創設者。1993年以来、全国高額納税者番付12年間連続6位以内にランクインし、2003年には日本一になる。土地売買や株式公開などによる高額納税者が多い中、事業所得だけで多額の納税をしている人物として注目を集めた。高額納税者の発表が取りやめになった今でも、着実に業績を上げている。また、著述家としても「心の楽しさと経済的豊かさを両立させる」ための本を多数出版している。『変な人の書いた世の中のしくみ』『眼力』（ともにサンマーク出版）、『強運』『人生に成功したい人が読む本』（ともにPHP研究所）、『幸せの道』（ロングセラーズ）など著書は多数。

1993年分——第4位	1999年分——第5位
1994年分——第5位	2000年分——第5位
1995年分——第3位	2001年分——第6位
1996年分——第3位	2002年分——第2位
1997年分——第1位	2003年分——第1位
1998年分——第3位	2004年分——第4位

〈編集部注〉

読者の皆さまから、「一人さんの手がけた商品を取り扱いたいが、どこに資料請求していいかわかりません」という問合せが多数寄せられていますので、以下の資料請求先をお知らせしておきます。

フリーダイヤル　0120-497-285

本書は二〇一〇年三月に弊社で出版した
書籍を新書判として改訂したものです。

斎藤一人
絶好調

著　者　斎藤一人
発行者　真船美保子
発行所　KK ロングセラーズ
東京都新宿区高田馬場 2-1-2　〒 169-0075
電話（03）3204-5161（代）　振替 00120-7-145737
http://www.kklong.co.jp
印　刷　大日本印刷（株）
製　本　（株）難波製本

落丁・乱丁はお取り替えいたします。
※定価と発行日はカバーに表示してあります。
ISBN978-4-8454-5102-9　C0230　Printed In Japan 2019